DOZE PASSOS PARA SUA EMPRESA

E.M AO QUADRADO

Direitos autorais © 2024 E.M²

Todos os direitos reservados

Nenhuma parte deste livro pode ser reproduzida ou armazenada em um sistema de recuperação, ou transmitida de qualquer forma ou por qualquer meio, eletrônico, mecânico, fotocópia, gravação ou outro, sem a permissão expressa por escrito da editora.

ISBN-13: 9798333321626
ISBN-10 1477123456

Design da capa por: Pintor de arte
Número de controle da Biblioteca do Congresso: 2018675309

Impresso nos Estados Unidos da América

INTRODUÇÃO

Bem-vindo ao livro "DOZE PASSOS PARA SUA EMPRESA". Se você está buscando transformar sua ideia em um negócio próspero, expandir sua empresa atual ou simplesmente melhorar sua estratégia empresarial, você está no lugar certo.

Empreender não é apenas sobre ter uma ideia genial; é sobre a execução estratégica, o planejamento meticuloso e a adaptação contínua às demandas do mercado. Neste guia prático, vamos explorar passo a passo como você pode elevar seu empreendimento a novos patamares de sucesso.

Ao longo das próximas páginas, você encontrará insights valiosos sobre como desenvolver um plano de negócios robusto, construir uma marca forte, gerenciar recursos financeiros com eficiência, e muito mais. Cada capítulo foi cuidadosamente elaborado para fornecer estratégias acionáveis que podem ser aplicadas imediatamente no seu dia a dia empresarial.

Preparado para embarcar nesta jornada de crescimento e aprendizado? Vamos começar a transformar sua visão em realidade e alcançar novos horizontes para o seu empreendimento.

ÍNDICE

Página do título
Direitos autorais
INTRODUÇÃO
1.Entendendo o Empreendimento	1
2.Clarificando sua Visão Empresarial	4
3.Desenvolvendo um Plano de Negócios Estratégico	7
4.Construindo uma Marca Forte	10
5.Gerenciando Recursos Financeiros de Forma Eficiente	13
6.Investindo em Marketing e Vendas	16
7.Construindo uma Equipe de Alto Desempenho	19
8.Inovando Constantemente	22
9.Expansão e Diversificação do Negócio	25
10.Fidelizando Clientes e Construindo Relacionamentos Duradouros	28
11.Gerenciando Riscos e Superando Desafios	31
12.Avaliando o Sucesso e Planejando o Futuro	34
CONCLUSÃO	37
13.Dica dos Autores	39
AGRADECIMENTOS	45

1. ENTENDENDO O EMPREENDIMENTO

Neste capítulo introdutório, exploraremos o conceito de empreendimento, sua importância econômica e como identificar oportunidades no mercado para iniciar ou expandir um negócio de sucesso.

Definição de Empreendimento e sua Importância Econômica

Empreendimento pode ser definido como a atividade de identificar oportunidades no mercado e transformá-las em um negócio lucrativo. Envolve a criação, organização e gestão de um novo empreendimento, ou a reformulação de um existente, visando atender às necessidades do mercado de forma inovadora e eficaz.

A importância econômica do empreendimento é vasta e fundamental para o crescimento econômico de uma região ou país. Empresas novas e inovadoras não apenas criam empregos e geram riqueza, mas também impulsionam a competitividade, promovem a inovação tecnológica e contribuem para o desenvolvimento de novos produtos e serviços proporcionando uma melhora significativa na qualidade de vida das pessoas.

Identificação De Oportunidades No Mercado

Identificar oportunidades no mercado é o primeiro passo crucial para o sucesso de qualquer empreendimento. Aqui estão algumas estratégias para identificar e avaliar oportunidades:

1. Pesquisa de Mercado: Realize uma análise detalhada do mercado-alvo, incluindo tamanho, crescimento, tendências e comportamento do consumidor. Utilize dados quantitativos e qualitativos para compreender as necessidades não atendidas e identificar lacunas no mercado.

2. Observação de Tendências: Esteja atento às mudanças e inovações em seu setor. Isso pode incluir avanços tecnológicos, mudanças regulatórias, novas preferências de consumo, entre outros fatores que podem criar novas oportunidades de negócio.

3. Identificação de Problemas a Serem Resolvidos: Procure por desafios ou problemas que os consumidores enfrentam diariamente e que ainda não foram adequadamente solucionados. Oferecer uma solução eficaz para um problema existente pode ser a base para um empreendimento bem-sucedido.

4. Análise da Concorrência: Periodicamente estude seus concorrentes diretos e indiretos. Identifique seus pontos fortes e fracos, e encontre maneiras de diferenciar seu produto ou serviço no mercado.

5. Feedback do Cliente: Ouça atentamente seus clientes

atuais e potenciais. O feedback direto pode revelar insights valiosos sobre suas necessidades, preferências e expectativas, ajudando a ajustar seu produto ou serviço para melhor atender ao mercado.

Ao compreender profundamente o conceito de empreendimento, reconhecer sua importância econômica e dominar a arte de identificar oportunidades no mercado, você estará preparado para iniciar sua jornada empreendedora com uma base sólida e orientada para o sucesso.

2. CLARIFICANDO SUA VISÃO EMPRESARIAL

Neste capítulo, vamos explorar a importância de clarificar sua visão empresarial, estabelecendo metas claras e objetivos tangíveis, além de visualizar o futuro do seu negócio de forma estratégica e inspiradora.

Estabelecimento de Metas Claras e Objetivos Tangíveis

Para transformar uma visão empreendedora em realidade, é essencial definir metas específicas e alcançáveis. Aqui estão algumas diretrizes para estabelecer metas claras e objetivos tangíveis:

1. Específicas: Suas metas devem ser detalhadas e específicas, descrevendo exatamente o que você deseja alcançar. Por exemplo, aumentar as vendas em 20% no próximo ano fiscal.

2. Mensuráveis: É importante que suas metas possam ser mensuradas com critérios objetivos. Defina indicadores-chave de desempenho (KPIs) que ajudem a acompanhar seu progresso ao longo do tempo.

3. Alcançáveis: As metas devem ser desafiadoras, mas realistas e alcançáveis com os recursos disponíveis. Considere suas

habilidades, recursos financeiros e o ambiente de mercado ao estabelecer suas metas.

4. Relevantes: As metas devem estar alinhadas com sua visão e missão empresarial. Elas devem fazer sentido dentro do contexto maior do seu negócio e contribuir para seus objetivos de longo prazo.

5. Temporizáveis: Defina prazos claros para suas metas. Isso ajuda a manter o foco e a motivação, além de fornecer um senso de urgência para a implementação de suas estratégias.

Visualizando O Futuro Do Seu Negócio

Visualizar o futuro do seu negócio é fundamental para inspirar e direcionar suas ações estratégicas. Aqui estão algumas técnicas para visualizar o futuro de forma eficaz:

1. Crie uma Visão Inspiradora: Desenvolva uma declaração de visão que descreva o que você aspira alcançar a longo prazo. Uma visão inspiradora ajuda a unir sua equipe em torno de um objetivo comum e a atrair stakeholders importantes.

2. Use a Técnica de Visualização: Reserve tempo regularmente para visualizar o sucesso do seu negócio. Imagine como seria sua empresa daqui a 5 anos, 10 anos, e assim por diante. Visualize os marcos alcançados, os produtos lançados, os clientes satisfeitos, entre outros aspectos positivos.

3. Desenvolva um Plano Estratégico: Baseie sua visão empreendedora em um plano estratégico detalhado. Isso inclui metas de curto, médio e longo prazo, além das estratégias específicas que você implementará para alcançá-las.

4. Comunique e Compartilhe sua Visão: Não mantenha sua visão apenas para você. Compartilhe-a com sua

equipe, parceiros de negócios e investidores. Isso ajuda a criar alinhamento e comprometimento com seus objetivos empresariais.

Ao clarificar sua visão empresarial, estabelecer metas claras e objetivos tangíveis, e visualizar o futuro do seu negócio de forma estratégica e inspiradora, você estará criando uma base sólida para o crescimento e sucesso contínuo de sua empresa.

3. DESENVOLVENDO UM PLANO DE NEGÓCIOS ESTRATÉGICO

Um plano de negócios estratégico é fundamental para orientar o crescimento e a sustentabilidade de qualquer empreendimento. Neste capítulo, vamos explorar como estruturar um plano de negócios que não apenas guie suas operações diárias, mas também permita alcançar resultados tangíveis e sustentáveis. Discutiremos a importância da análise de mercado e a definição de estratégias competitivas para garantir que seu negócio se destaque no mercado.

Estruturação do Plano de Negócios com Foco em Resultados

Um plano de negócios bem estruturado é mais do que um documento estático; é um guia dinâmico que evolui com seu empreendimento. Aqui estão os elementos essenciais para estruturar um plano de negócios com foco em resultados:

1. Resumo Executivo: Uma visão geral concisa do seu negócio, destacando seus objetivos principais, produtos/serviços

oferecidos, mercado-alvo e diferenciais competitivos. Este é o primeiro passo para capturar a atenção de investidores e parceiros estratégicos.

2. Descrição da Empresa: Detalhe a missão, visão e valores da sua empresa. Explique sua estrutura organizacional, localização física (se aplicável), e os principais membros da equipe.

3. Análise de Mercado: Realize uma análise detalhada do mercado onde você opera. Isso inclui identificar seu público-alvo, analisar tendências de mercado, avaliar a concorrência e identificar oportunidades e desafios.

4. Estratégia de Marketing e Vendas: Descreva como você planeja posicionar seus produtos/serviços no mercado. Inclua estratégias de marketing digital, offline, redes sociais, SEO, entre outros. Defina seu funil de vendas e as táticas para alcançar seus clientes potenciais.

5. Plano Operacional: Detalhe como suas operações serão conduzidas diariamente. Isso inclui processos de produção, logística, gestão de estoque, fornecedores e parceiros estratégicos.

6. Análise SWOT: Identifique suas forças, fraquezas, oportunidades e ameaças. Isso ajudará a informar suas decisões estratégicas e a mitigar riscos potenciais.

7. Projeções Financeiras: Desenvolva projeções financeiras realistas, incluindo fluxo de caixa, demonstrativo de resultados e balanço patrimonial. Essas projeções ajudarão a garantir que suas metas financeiras sejam alcançáveis e sustentáveis.

Análise De Mercado E Definição De Estratégias Competitivas

A análise de mercado é fundamental para entender o ambiente competitivo no qual seu negócio está inserido. Aqui estão os passos essenciais para realizar uma análise de mercado eficaz:

1. Identificação do Mercado-Alvo: Defina claramente quem são seus clientes ideais. Isso inclui características demográficas, comportamentais e psicográficas que definem seu público-alvo.
2. Análise da Concorrência: Avalie seus principais concorrentes diretos e indiretos. Analise seus produtos/serviços, preços, estratégias de marketing, pontos fortes e fraquezas.
3. Tendências de Mercado: Fique por dentro das tendências emergentes e mudanças no comportamento do consumidor. Isso pode incluir avanços tecnológicos, mudanças regulatórias, preferências de consumo, entre outros.
4. Estratégias Competitivas: Com base na análise de mercado, defina estratégias competitivas que diferenciem seu negócio dos concorrentes. Isso pode incluir inovação de produtos/serviços, precificação estratégica, excelência no atendimento ao cliente, entre outros.

Ao seguir esses passos, você estará preparado para desenvolver um plano de negócios estratégico que não apenas guie suas operações diárias, mas também posicione seu empreendimento para alcançar sucesso e crescimento sustentável no mercado competitivo de hoje.

4. CONSTRUINDO UMA MARCA FORTE

Neste capítulo, exploraremos como construir uma marca forte, focando na importância da identidade visual, posicionamento de marca e na criação de uma proposta de valor única que ressoe com seu público-alvo.

Importância da Identidade Visual e Posicionamento de Marca

A identidade visual e o posicionamento de marca são elementos cruciais para estabelecer uma presença sólida e reconhecível no mercado. Aqui estão alguns aspectos importantes:

1. Identidade Visual: A identidade visual de sua marca engloba elementos como o logotipo, cores, tipografia e estilo visual. Esses elementos devem ser consistentes em todos os pontos de contato com o cliente, incluindo seu website, materiais de marketing, embalagens e redes sociais. Uma identidade visual coesa ajuda a criar uma impressão memorável e profissional, além de transmitir os valores e a personalidade da sua marca.

2. Posicionamento de Marca: O posicionamento de marca define como sua empresa é percebida em relação aos concorrentes no mercado. Envolve a definição clara

de seu público-alvo, diferenciação de produtos/serviços e comunicação de um valor único e relevante para seus clientes. Um posicionamento eficaz ajuda a destacar sua marca na mente dos consumidores e a criar uma conexão emocional que vai além das características tangíveis do produto ou
serviço.

Criando Uma Proposta De Valor Única

Uma proposta de valor única (PVU) é o que define por que os clientes devem escolher sua marca em vez da concorrência. Aqui estão os passos para criar uma PVU eficaz:

1. Entenda as Necessidades dos Clientes: Realize pesquisas de mercado para entender profundamente as necessidades, desafios e desejos de seu público-alvo. Identifique os pontos problemáticos que sua marca pode resolver de maneira única e eficaz.

2. Diferenciação Competitiva: Analise seus concorrentes diretos e indiretos para identificar como você pode se diferenciar no mercado. Isso pode incluir características exclusivas do produto, serviços adicionais, atendimento ao cliente excepcional, entre outros fatores que agregam valor à experiência do cliente.

3. Benefícios Claros e Tangíveis: Comunique os benefícios específicos e tangíveis que sua marca oferece aos clientes. Isso pode ser relacionado à qualidade superior do produto, preço competitivo, conveniência, sustentabilidade, entre outros aspectos que são valorizados por seu público-alvo.

4. Declaração Clara e Concisa: Formule sua PVU em uma declaração simples e fácil de entender. Deve ser uma mensagem clara que capture a essência única de sua marca e ressoe com seus clientes potenciais.

Ao focar na construção de uma identidade visual consistente, no desenvolvimento de um posicionamento de marca claro e na criação de uma proposta de valor única e convincente, você estará fortalecendo sua marca no mercado e aumentando sua atratividade para os consumidores. Isso não apenas ajuda a diferenciar sua empresa da concorrência, mas também a construir relacionamentos duradouros e leais com seus clientes.

5. GERENCIANDO RECURSOS FINANCEIROS DE FORMA EFICIENTE

Neste capítulo, vamos abordar estratégias essenciais para gerenciar recursos financeiros de maneira eficiente em seu empreendimento. Discutiremos a importância do orçamento empresarial, controle de fluxo de caixa e como maximizar a rentabilidade enquanto reduz custos.

Orçamento Empresarial e Controle de Fluxo de Caixa

1. Orçamento Empresarial: Um orçamento empresarial é uma ferramenta crucial para planejar e controlar as finanças de sua empresa. Ele permite prever receitas e despesas ao longo de um período específico, geralmente um ano fiscal. Alguns passos para criar um orçamento eficaz incluem:

- Estimativa de Receitas: Baseie suas projeções de receita em vendas passadas, análise de mercado e metas de vendas futuras.

- Controle de Despesas: Liste todas as despesas operacionais, como custos de produção, salários, aluguel, marketing, entre outros. Monitore de perto para garantir que as despesas estejam dentro do orçamento planejado.

- Acompanhamento Regular: Revise e ajuste seu orçamento regularmente conforme necessário, especialmente se houver variações significativas nas condições de mercado ou nos custos operacionais.

2. Controle de Fluxo de Caixa: O controle de fluxo de caixa é essencial para gerenciar as entradas e saídas de dinheiro em sua empresa. Isso inclui:

- Previsão de Fluxo de Caixa: Antecipe as receitas e despesas para garantir que haja fundos suficientes disponíveis para cobrir as obrigações financeiras da empresa.

- Gestão de Ciclo Financeiro: Reduza o ciclo financeiro otimizando processos como recebimento de pagamentos de clientes e negociação de prazos de pagamento com fornecedores.

- Reserva de Emergência: Mantenha uma reserva de emergência para lidar com imprevistos ou períodos de baixa receita.

Estratégias Para Maximizar Rentabilidade E Reduzir Custos

1. Maximização da Rentabilidade:

- Análise de Margens: Identifique produtos ou serviços que têm maior margem de lucro e concentre esforços em vendê-los.

- Upselling e Cross-selling: Ofereça produtos adicionais ou upgrades para aumentar o valor da venda por cliente.

- Gestão de Preços: Avalie periodicamente seus preços para

garantir que estejam alinhados com o valor percebido pelos clientes e com as margens desejadas.

2. Redução de Custos:

- Negociação com Fornecedores: Busque obter melhores condições de compra negociando preços com fornecedores e avaliando alternativas de fornecimento.

- Automação de Processos: Utilize tecnologia para automatizar processos repetitivos e reduzir custos operacionais.

- Controle de Estoque: Evite excesso de estoque e reduza custos de armazenamento ao gerenciar o inventário de forma eficiente.

Ao implementar essas estratégias para gerenciar recursos financeiros de forma eficiente, você estará fortalecendo a saúde financeira de seu negócio, melhorando a rentabilidade e garantindo uma base sólida para o crescimento sustentável a longo prazo.

6. INVESTINDO EM MARKETING E VENDAS

Investir em estratégias eficazes de marketing e vendas é essencial para atrair clientes e impulsionar o crescimento do seu empreendimento. Neste capítulo, exploraremos como desenvolver estratégias tanto para marketing digital quanto offline, além de discutir a construção de um funil de vendas eficaz para maximizar as conversões.

Desenvolvimento de Estratégias de Marketing

Marketing Digital:

1. Identificação do Público-Alvo Digital: Defina claramente quem são seus clientes ideais online. Isso inclui características demográficas, interesses, comportamentos de navegação na internet, entre outros.

2. Website e SEO: Desenvolva um website otimizado que seja responsivo, rápido e fácil de navegar. Implemente técnicas de SEO (Search Engine Optimization) para melhorar o ranking nos motores de busca e aumentar a visibilidade online.

3. Marketing de Conteúdo: Crie e compartilhe conteúdo relevante e valioso para seu público-alvo. Isso pode incluir artigos de blog, vídeos, infográficos, eBooks, entre outros

formatos que educam, informam e engajam seu público.

4. Estratégias de Mídias Sociais: Utilize plataformas como Facebook, Instagram, LinkedIn, Twitter, entre outras, para conectar-se com seu público, promover conteúdo, engajar seguidores e gerar leads qualificados.

5. Campanhas de PPC (Pay-Per-Click): Considere investir em anúncios pagos através de plataformas como Google Ads, Facebook Ads, LinkedIn Ads, entre outras. Defina objetivos claros e utilize segmentação precisa para maximizar o retorno sobre o investimento (ROI).

Marketing Offline:

1. Networking e Eventos: Participe de feiras, conferências, eventos locais e networking para expandir sua rede de contatos e promover sua marca pessoalmente.

2. Publicidade Tradicional: Explore oportunidades de publicidade em mídia impressa, rádio, televisão e outdoors, dependendo do seu público-alvo e do mercado local.

3. Parcerias Estratégicas: Estabeleça parcerias com outras empresas locais ou complementares para co- promoções, eventos conjuntos ou programas de referência.

Construção De Um Funil De Vendas Eficaz

Um funil de vendas eficaz é crucial para guiar prospects desde o primeiro contato até a conversão em clientes pagantes. Aqui estão as etapas principais para construir um funil de vendas eficaz:

1. Atração: Atrair potenciais clientes através de conteúdo relevante, anúncios pagos, SEO, mídias sociais, entre outras estratégias de marketing.

2. Interesse: Capturar o interesse dos leads oferecendo algo de valor, como eBooks gratuitos, webinars informativos, demonstrações de produtos, entre outros.

3. Consideração: Nutrir leads qualificados com conteúdo personalizado que responda às suas necessidades e preocupações específicas. Isso pode incluir estudos de caso, depoimentos de clientes, comparações de produtos, entre outros.

4. Decisão: Facilitar a decisão de compra fornecendo informações detalhadas sobre produtos/serviços, opções de preços claras, garantias, suporte pós- venda, entre outros benefícios.

5. Ação: Converter leads em clientes efetuando a venda e garantindo uma experiência de compra sem atritos. Isso pode incluir facilitar o processo de checkout online, oferecer opções de pagamento flexíveis, entre outras medidas.

Ao integrar estratégias de marketing digital e offline e construir um funil de vendas eficaz, você estará posicionando seu empreendimento para alcançar mais clientes potenciais, aumentar as conversões e impulsionar o crescimento sustentável a longo prazo.

7. CONSTRUINDO UMA EQUIPE DE ALTO DESEMPENHO

Construir uma equipe de alto desempenho é fundamental para o sucesso de qualquer empreendimento. Neste capítulo, exploraremos como utilizar o sistema em teia, também conhecido como método Spider, para recrutamento eficaz, além de discutir a importância da liderança eficaz e da motivação da equipe.

Recrutamento através do Sistema em Teia (Spider)

O sistema em teia, ou método Spider, é uma abordagem estratégica e sistemática para recrutamento que visa identificar candidatos qualificados de forma abrangente e eficiente. Este método é baseado na criação de uma rede de conexões que se expande gradualmente, permitindo alcançar um pool diversificado de talentos. Aqui estão os passos principais deste sistema:

1. Identificação de Fontes de Talentos: Comece identificando diversas fontes potenciais para encontrar candidatos. Isso pode incluir redes sociais profissionais como LinkedIn, bancos de currículos, feiras de emprego, grupos de

networking, entre outros.

2. Construção da Rede de Contatos: Utilize suas conexões existentes para expandir sua rede de contatos. Peça recomendações de colegas, parceiros de negócios e colaboradores atuais. Quanto mais ampla e diversificada for sua rede, maior será a chance de encontrar talentos qualificados.

3. Divulgação da Vaga de Forma Estratégica: Ao divulgar a vaga, certifique-se de utilizar palavras-chave relevantes e atrativas que descrevam claramente o perfil procurado. Isso ajudará a atrair candidatos que se encaixem nas necessidades específicas da posição.

4. Avaliação de Candidatos: Após receber as candidaturas, utilize critérios claros de seleção para avaliar os candidatos. Considere não apenas suas habilidades técnicas, mas também sua adequação cultural e valores alinhados com os da empresa.

5. Entrevistas Estruturadas: Realize entrevistas estruturadas para obter informações consistentes e comparáveis de todos os candidatos. Prepare perguntas que explorem não apenas competências técnicas, mas também experiências passadas e motivações.

6. Feedback e Processo de Decisão: Após as entrevistas, forneça feedback aos candidatos e conduza um processo de decisão transparente. Considere a contribuição de todos os envolvidos no processo de recrutamento, garantindo uma decisão informada e objetiva.

Liderança Eficaz E Motivação Da Equipe

Além de recrutar talentos, é fundamental cultivar uma cultura organizacional que promova liderança eficaz e mantenha a motivação da equipe em alta. Aqui estão algumas práticas importantes:

- Comunicação Clara e Transparente: Estabeleça uma comunicação aberta onde os membros da equipe se sintam à vontade para expressar suas ideias e preocupações.

- Definição de Metas Claras e Alcançáveis: Estabeleça metas que sejam desafiadoras, porém alcançáveis, e forneça feedback regular sobre o progresso.

- Reconhecimento e Incentivos: Reconheça e recompense o bom desempenho da equipe com prêmios, elogios públicos, ou até mesmo incentivos financeiros.

- Desenvolvimento Profissional: Invista no desenvolvimento contínuo dos membros da equipe através de treinamentos, workshops e oportunidades de aprendizado.

- Fomento de um Ambiente de Confiança e Colaboração: Promova um ambiente onde a confiança, o respeito mútuo e a colaboração sejam valores fundamentais.

Ao implementar estratégias de recrutamento eficazes e cultivar uma cultura organizacional positiva, você estará não apenas construindo uma equipe de alto desempenho, mas também fortalecendo a base para o crescimento sustentável e o sucesso do seu empreendimento.

8. INOVANDO CONSTANTEMENTE

Neste capítulo, exploraremos a importância de cultivar uma cultura de inovação em seu empreendimento e como adaptar-se às mudanças do mercado através da implementação de novas tecnologias e processos.

Cultura de Inovação e Adaptação às Mudanças do Mercado

1. Cultura de Inovação:

- Estímulo à Criatividade: Promova um ambiente que encoraje ideias novas e criativas de todos os níveis da organização. Aumente a experimentação e a tomada de riscos calculados.

- Liderança Inspiradora: Líderes devem servir como modelos de inovação, demonstrando compromisso com novas ideias e abordagens.

- Feedback e Colaboração: Estabeleça canais eficazes para capturar feedback dos funcionários e clientes, incentivando a colaboração e a co-criação.

2. Adaptação às Mudanças do Mercado:

- Monitoramento de Tendências: Mantenha-se atualizado

com as mudanças no mercado, tecnologia e preferências dos clientes. Isso inclui participar de conferências, workshops e ler publicações relevantes.

- Flexibilidade Organizacional: Desenvolva estruturas e processos ágeis que possam se adaptar rapidamente às novas demandas e oportunidades do mercado.

- Análise de Riscos: Avalie cuidadosamente os riscos associados à implementação de novas ideias ou tecnologias, equilibrando inovação com estabilidade operacional.

Implementação De Novas Tecnologias E Processos

1. Avaliação de Tecnologias Emergentes:

- Pesquisa e Desenvolvimento: Dedique recursos para pesquisa e desenvolvimento (P&D) que explore novas tecnologias relevantes para seu setor.

- Testes Piloto: Realize testes piloto para avaliar a viabilidade e os benefícios de novas tecnologias antes de implementá-las em larga escala.

- Parcerias Estratégicas: Considere parcerias com empresas especializadas em tecnologias emergentes para acelerar a implementação e reduzir os custos de desenvolvimento.

2. Atualização de Processos:

- Mapeamento de Processos: Análise e otimize os processos existentes para identificar áreas que podem se beneficiar de melhorias tecnológicas.

- Treinamento e Capacitação: Garanta que sua equipe esteja adequadamente treinada para adotar e utilizar novas tecnologias de forma eficaz.

- Avaliação Contínua: Monitore o impacto das novas tecnologias e processos através de métricas de desempenho para garantir que estejam alinhados com os objetivos estratégicos da empresa.

Ao promover uma cultura de inovação e adaptar-se continuamente às mudanças do mercado através da implementação de novas tecnologias e processos, você estará posicionando seu empreendimento para se destacar na competitividade atual e futura. A inovação constante não apenas impulsiona o crescimento e a eficiência, mas também fortalece a resiliência organizacional diante de desafios e oportunidades emergentes.

9. EXPANSÃO E DIVERSIFICAÇÃO DO NEGÓCIO

Neste capítulo, exploraremos estratégias essenciais para expandir o alcance geográfico ou diversificar produtos/ serviços em seu negócio, além de como avaliar oportunidades de crescimento sustentável.

Estratégias para Expandir o Alcance Geográfico ou Diversificar Produtos/Serviços

1. Expansão Geográfica:

- Pesquisa de Mercado: Realize uma análise detalhada para identificar mercados potenciais que possam beneficiar-se de seus produtos/serviços. Considere fatores como demanda do mercado, concorrência, ambiente regulatório e econômico.

- Parcerias Locais: Estabeleça parcerias estratégicas com empresas locais que possam facilitar a entrada e operação em novos mercados geográficos.

- Adaptação Cultural: Adapte sua estratégia de marketing, produto e operações para atender às necessidades e preferências específicas de cada mercado local.

2. Diversificação de Produtos/Serviços:

- Análise de Viabilidade: Avalie a viabilidade de expandir seu portfólio de produtos/serviços para atender novos segmentos de mercado ou necessidades não atendidas.

- Pesquisa de Cliente: Entenda as necessidades e expectativas dos clientes atuais e potenciais para identificar oportunidades de diversificação que agreguem valor.

- Inovação de Produtos: Invista em pesquisa e desenvolvimento (P&D) para criar novos produtos ou serviços que complementem seu core business existente.

Avaliação De Oportunidades De Crescimento Sustentável

1. Análise SWOT (Forças, Fraquezas, Oportunidades e Ameaças):
- Forças: Identifique os pontos fortes que podem ser aproveitados para explorar novas oportunidades de crescimento.

- Fraquezas: Reconheça as áreas de melhoria que podem limitar sua capacidade de expandir ou diversificar com sucesso.

- Oportunidades: Analise as tendências de mercado, mudanças regulatórias e outras oportunidades que podem ser exploradas.

- Ameaças: Esteja ciente dos desafios externos que podem afetar negativamente seus planos de expansão ou diversificação.

2. Análise de Mercado:

- Segmentação de Mercado: Identifique segmentos de mercado específicos que oferecem potencial de crescimento significativo para seus produtos/serviços.

- Benchmarking Competitivo: Compare seu desempenho e oferta com concorrentes diretos e indiretos para identificar áreas de oportunidade competitiva.

- Feedback do Cliente: Utilize feedback dos clientes para entender melhor suas necessidades e ajustar suas estratégias de crescimento.

3. Sustentabilidade Financeira e Operacional:

- Modelo de Negócios: Avalie a sustentabilidade de seu modelo de negócios atual e como ele pode ser adaptado para suportar a expansão ou diversificação planejada.

- Financiamento: Determine as necessidades de financiamento para apoiar seus planos de crescimento e identifique fontes adequadas de capital.

- Riscos e Mitigação: Desenvolva estratégias para mitigar riscos potenciais associados à expansão geográfica ou diversificação de produtos/serviços.

Ao implementar estratégias eficazes para expandir o alcance geográfico ou diversificar produtos/serviços, e ao realizar uma avaliação criteriosa das oportunidades de crescimento sustentável, você estará preparando seu negócio para prosperar em um ambiente competitivo e dinâmico. A expansão e diversificação bem-sucedidas não apenas aumentam a base de clientes e receitas, mas também fortalecem a resiliência e a adaptabilidade de sua organização no longo prazo.

10. FIDELIZANDO CLIENTES E CONSTRUINDO RELACIONAMENTOS DURADOUROS

Neste capítulo, vamos explorar a importância de praticar a autenticidade em sua vida pessoal e profissional. Discutiremos como viver de acordo com seus valores e crenças pode atrair pessoas e oportunidades alinhadas com quem você realmente é.

Vivendo em Concordância com seus Valores e Crenças

1. Autoconhecimento Profundo:

- Identifique seus valores fundamentais e crenças que orientam suas decisões e comportamentos.
- Reflita sobre como esses valores influenciam suas metas pessoais e profissionais.

2. Integridade e Consistência:

- Aja de maneira consistente com seus valores em todas as áreas de sua vida.
- Tome decisões alinhadas com seus princípios, mesmo diante de desafios ou pressões externas.

3. Transparência e Honestidade:

- Comunique-se de maneira transparente sobre seus valores e crenças com colegas, clientes e parceiros.
- Construa relacionamentos fundamentados na confiança e na sinceridade.

Atraindo Pessoas E Oportunidades Alinhadas Com Sua Autenticidade

1. Construção de uma Marca Pessoal Autêntica:

- Desenvolva uma marca pessoal que reflita seus valores e crenças.
- Demonstre autenticidade em suas interações e na maneira como você apresenta suas habilidades e experiências.

2. Networking Autêntico:

- Conecte-se com pessoas que compartilham valores semelhantes aos seus.
- Participe de eventos e grupos onde você possa ser você mesmo e se conectar genuinamente com outros profissionais.

3. Oportunidades Profissionais alinhadas com seus Valores:

- Procure oportunidades de trabalho ou projetos que estejam alinhados com seus valores e interesses.

- Avalie a cultura organizacional de potenciais empregadores para garantir que ela ressoe com sua autenticidade.

Impacto Positivo E Satisfação Pessoal

1. Impacto Positivo:

- Contribua positivamente para sua comunidade e para o ambiente de trabalho, baseando-se em seus valores.

- Use suas habilidades e recursos para promover mudanças que se alinhem com suas convicções pessoais.

2. Satisfação Pessoal e Bem-Estar:

- Encontre significado e propósito em suas atividades diárias, vivendo de acordo com quem você realmente é.

- Mantenha um equilíbrio saudável entre vida pessoal e profissional, priorizando o bem-estar e a autenticidade.

Ao praticar a autenticidade, você não apenas fortalece sua própria identidade e satisfação pessoal, mas também atrai naturalmente pessoas e oportunidades que estão alinhadas com seus valores e crenças. Isso cria uma base sólida para relacionamentos e realizações significativas em todas as áreas de sua vida.

11. GERENCIANDO RISCOS E SUPERANDO DESAFIOS

Neste capítulo, exploraremos estratégias fundamentais para gerenciar riscos empresariais e superar desafios, incluindo a identificação e mitigação de riscos, bem como estratégias eficazes para lidar com crises e adversidades.

Identificação e Mitigação de Riscos Empresariais

1. Análise de Riscos:
- Realize uma análise detalhada dos riscos potenciais que podem afetar seu negócio. Isso pode incluir riscos financeiros, operacionais, estratégicos, regulatórios e de mercado.
- Utilize técnicas como a matriz SWOT (Forças, Fraquezas, Oportunidades e Ameaças) e análise de cenários para identificar e priorizar os riscos mais significativos.

2. Estratégias de Mitigação:
- Desenvolva planos de contingência específicos para cada tipo de risco identificado.
- Implemente medidas preventivas e corretivas para reduzir a probabilidade de ocorrência de riscos e

minimizar seu impacto caso se materializem.

- Estabeleça procedimentos claros e responsabilidades definidas para lidar com emergências ou crises.

Estratégias Para Lidar Com Crises E Adversidades

1. Preparação Antecipada:

- Antecipe potenciais crises e desenvolva planos de ação detalhados para lidar com diferentes cenários adversos.
- Mantenha-se informado sobre as melhores práticas e regulamentações relevantes para gerenciar crises específicas do setor.

2. Comunicação Efetiva:

- Estabeleça canais claros e eficazes de comunicação interna e externa durante uma crise.
- Mantenha stakeholders chave informados sobre desenvolvimentos e ações tomadas para resolver a situação.

3. Flexibilidade e Adaptabilidade:

- Seja flexível e adaptável para ajustar suas operações e estratégias conforme necessário durante uma crise.
- Esteja preparado para tomar decisões rápidas e assertivas para proteger a reputação e a continuidade do negócio.

4. Aprendizado e Melhoria Contínua:

- Após a crise, conduza uma revisão detalhada para identificar lições aprendidas e áreas de melhoria.
- Atualize seus planos de contingência com base nas experiências adquiridas para fortalecer a resiliência

empresarial no futuro.

Ao adotar uma abordagem proativa para gerenciar riscos empresariais e implementar estratégias eficazes para lidar com crises e adversidades, você estará fortalecendo a capacidade de sua empresa de enfrentar desafios com confiança e minimizar potenciais impactos negativos. Isso não apenas protege a saúde financeira e operacional de seu negócio, mas também promove a confiança de stakeholders e colaboradores em sua capacidade de liderança durante tempos difíceis.

12. AVALIANDO O SUCESSO E PLANEJANDO O FUTURO

Neste capítulo final, abordaremos a importância de avaliar o sucesso do seu empreendimento através de indicadores chave de desempenho (KPIs), além de discutir estratégias para planejar o futuro a longo prazo e os próximos passos da sua empresa.

Indicadores Chave de Desempenho (KPIs) e Avaliação de Resultados

1. Seleção de KPIs Relevantes:

   - Identifique e defina os indicadores chave de desempenho que são mais relevantes para medir o sucesso e o progresso em relação aos objetivos estratégicos da sua empresa.
   - Considere KPIs relacionados a vendas, rentabilidade, satisfação do cliente, eficiência operacional, entre outros aspectos críticos para o seu negócio.

2. Monitoramento e Análise Contínua:

- Estabeleça um sistema robusto para coletar dados e monitorar regularmente os KPIs estabelecidos.
- Realize análises periódicas para avaliar tendências, identificar áreas de melhoria e tomar decisões informadas com base nos resultados obtidos.

3. Ajustes e Melhorias:

- Use os insights obtidos através da análise de KPIs para fazer ajustes em estratégias e operações conforme necessário.
- Promova uma cultura de melhoria contínua, onde a adaptação aos dados e feedback seja valorizada e incentivada.

Planejamento Estratégico de Longo Prazo e Próximos Passos

1. Visão e Missão Revisitadas:

- Revise e, se necessário, atualize a visão e a missão da sua empresa para garantir que estejam alinhadas com o ambiente de mercado atual e as aspirações de longo prazo.

2. Objetivos Estratégicos:

- Defina objetivos claros e alcançáveis para orientar o crescimento e desenvolvimento futuro da sua empresa.
- Estabeleça metas de curto, médio e longo prazo que sejam mensuráveis e alinhadas com sua visão estratégica.

3. Análise SWOT e Planejamento de Cenários:

- Realize uma análise SWOT atualizada para identificar forças, fraquezas, oportunidades e ameaças que possam impactar seu planejamento estratégico.
- Considere diferentes cenários futuros e desenvolva planos de contingência para mitigar riscos e aproveitar oportunidades emergentes.

4. Implementação e Acompanhamento:

- Desenvolva um plano de ação detalhado para implementar suas estratégias e alcançar os objetivos estabelecidos.

- Acompanhe regularmente o progresso, revisando e ajustando o plano conforme necessário para garantir sua relevância e eficácia.

Ao adotar uma abordagem sistemática para avaliar o sucesso por meio de KPIs relevantes e planejar o futuro da sua empresa com um planejamento estratégico de longo prazo, você estará posicionando seu negócio para crescimento sustentável e sucesso contínuo. A constante revisão e adaptação às mudanças no mercado garantirão que sua empresa esteja preparada para enfrentar desafios e capitalizar oportunidades à medida que surgem.

Esses capítulos são projetados para guiar empreendedores através de uma jornada de crescimento e desenvolvimento empresarial, cobrindo desde a concepção da ideia até a expansão e consolidação do negócio no mercado.

CONCLUSÃO

Consolidando seu Sucesso Empresarial

Ao longo deste livro, exploramos diversas facetas essenciais para o sucesso empresarial, desde a compreensão profunda do empreendimento até a prática da autenticidade e a gestão eficaz de recursos e desafios. Cada capítulo foi projetado para oferecer insights práticos e estratégias acionáveis que podem transformar não apenas a maneira como você conduz seus negócios, mas também como você molda sua visão de futuro.

Começamos identificando oportunidades no mercado e estabelecendo metas claras, fundamentadas em valores sólidos e uma visão de longo prazo. Discutimos a importância de construir uma marca forte, utilizando estratégias de marketing eficazes e desenvolvendo uma equipe de alto desempenho. Exploramos também como gerenciar recursos financeiros de forma eficiente e implementar inovações que impulsionam o crescimento sustentável.

Além disso, discutimos a importância de viver autenticamente, alinhando nossas ações com nossos valores e crenças, o que não só atrai oportunidades e pessoas compatíveis, mas também promove um ambiente de trabalho gratificante e significativo. Enfrentamos também os desafios inevitáveis do mundo empresarial, desde a gestão de riscos até a superação de crises, enfatizando a importância da preparação, comunicação eficaz e aprendizado contínuo.

Finalmente, destacamos a necessidade de avaliar regularmente o desempenho através de indicadores chave e planejar o futuro com base em uma visão estratégica sólida e adaptável. Este processo não é estático; é dinâmico e requer constante reflexão, ajuste e evolução.

À medida que você conclui esta jornada de aprendizado e implementação, lembre-se de que o sucesso empresarial não se resume apenas aos resultados financeiros, mas também à capacidade de criar impacto positivo, tanto dentro quanto fora da sua organização. Ao aplicar os princípios discutidos neste livro, você estará fortalecendo não apenas seu negócio, mas também sua posição como um líder visionário e eficaz no seu setor.

Que este livro sirva não apenas como um guia, mas como uma fonte contínua de inspiração e orientação à medida que você continua a crescer, inovar e alcançar novos patamares de sucesso em seu empreendimento. Lembre-se sempre de que o caminho para o sucesso é construído passo a passo, com perseverança, visão e um compromisso inabalável com a excelência.

Desejo-lhe sucesso em todas as suas empreitadas futuras.

13. DICA DOS AUTORES

Transformando Comunidades: O Poder do Trabalho Social Empresarial

No coração de toda empresa há uma oportunidade latente e poderosa: o potencial para impactar positivamente as comunidades que a rodeiam. O trabalho social empresarial não é apenas uma responsabilidade, mas uma janela para transformações significativas e sustentáveis. Neste capítulo, exploramos como empresas podem se tornar agentes de mudança social, não apenas melhorando sua imagem pública, mas também criando um legado de impacto positivo.

A Descoberta Do Propósito Além Do Lucro Empresas Frequentemente São Vistas Como Entidades

que buscam lucro acima de tudo. No entanto, quando começam a explorar seu papel na sociedade de uma maneira mais holística, descobrem um propósito maior que vai além dos números financeiros. O trabalho social empresarial permite que as organizações se conectem mais profundamente com as comunidades onde operam, entendendo suas necessidades e contribuindo de maneira significativa para o bem-estar coletivo.

Benefícios Tangíveis E Intangíveis

Os benefícios do trabalho social empresarial são vastos e diversos. Desde melhorias na moral dos funcionários até o fortalecimento das relações com stakeholders locais e a construção de uma reputação de marca mais sólida e confiável, os retornos são tanto tangíveis quanto intangíveis.Além disso, empresas que se engajam ativamente em iniciativas sociais tendem a atrair talentos mais comprometidos e consumidores que valorizam a responsabilidade corporativa.

Estratégias Efetivas Para Engajamento Social

Para efetivamente incorporar o trabalho social em sua estratégia empresarial, é crucial adotar abordagens que se alinhem com os valores da empresa e com as necessidades reais das comunidades atendidas. Isso pode incluir desde programas de voluntariado corporativo e doações financeiras a parcerias estratégicas com ONGs e iniciativas de sustentabilidade ambiental. O segredo está em encontrar áreas onde a empresa possa fazer a maior diferença, utilizando seus recursos de maneira eficiente e impactante.

Estudos De Caso Inspiradores

Aqui estão alguns exemplos de estudos de caso inspiradores de empresas que adotaram o trabalho social como parte integral de sua estratégia corporativa:

1. Patagonia: Sustentabilidade E Conservação Ambiental

A Patagonia, renomada marca de roupas outdoor, não apenas se comprometeu com a produção de produtos sustentáveis, mas também dedicou recursos significativos para apoiar a conservação ambiental. A empresa lançou o "1% for the Planet", comprometendo-se a doar 1% de suas vendas totais para organizações ambientais. Além disso, a Patagonia incentiva seus funcionários a participarem de projetos de voluntariado ambiental, fortalecendo o compromisso com a sustentabilidade em todas as esferas de sua operação.

2. Microsoft: Educação E Acesso Digital

A Microsoft desenvolveu o programa "Microsoft Philanthropies", que visa melhorar o acesso à tecnologia e à educação em comunidades carentes ao redor do mundo. Por meio de iniciativas como a doação de software para escolas e organizações sem fins lucrativos, o fornecimento de treinamento em habilidades digitais e o apoio a startups sociais, a Microsoft demonstra seu compromisso em reduzir a desigualdade digital e promover a inclusão social.

3. Coca-Cola: Água Limpa Para Comunidades Carentes

A Coca-Cola tem um histórico de iniciativas voltadas para a sustentabilidade e responsabilidade social. Um exemplo notável é seu compromisso com a disponibilidade de água potável em comunidades carentes. A empresa lançou o projeto "Água Pura para Crianças", que instalou sistemas de purificação de água em áreas rurais de países em desenvolvimento. Esse esforço não apenas melhora a saúde das comunidades locais, mas também fortalece a reputação da Coca-Cola como um agente de mudança positiva global.

4. Starbucks: Investimento Em

Comunidades De Café

A Starbucks implementou o programa "Coffee and Farmer Equity (C.A.F.E.) Practices", que promove práticas agrícolas sustentáveis e éticas entre os produtores de café. Além de garantir qualidade e sustentabilidade ambiental, o programa também se preocupa com o bem-estar das comunidades de agricultores. A Starbucks oferece suporte financeiro e técnico aos produtores, além de investir em projetos de infraestrutura local, como escolas e centros de saúde, melhorando significativamente a qualidade de vida nas regiões produtoras de café.

5. Toms: Modelo De Negócio Com Impacto Social Direto

A TOMS revolucionou o conceito de negócio social com sua iniciativa "One for One". A cada par de sapatos vendidos, a TOMS doa outro par para uma criança necessitada. Além dos sapatos, a empresa expandiu seu modelo para incluir doações de óculos de grau, água potável e serviços de parto seguros em comunidades carentes ao redor do mundo. Esse modelo não apenas impulsiona as vendas da TOMS, mas também impacta positivamente milhões de vidas ao redor do mundo.

Esses estudos de caso demonstram como as empresas podem integrar o trabalho social em suas operações de forma genuína e eficaz, promovendo não apenas o bem-estar das comunidades, mas também fortalecendo suas próprias bases de sustentabilidade e responsabilidade corporativa.

Conclusão: O Futuro Do Trabalho Social Empresarial

À medida que nos aproximamos de um futuro cada vez mais interconectado e consciente, o papel das empresas na promoção do bem social se torna ainda mais crucial. O trabalho social empresarial não é apenas uma oportunidade de fazer o bem, mas uma necessidade moral e estratégica para as organizações que desejam prosperar em um mundo que valoriza não apenas o lucro, mas também o impacto positivo e sustentável.

Portanto, convidamos todas as empresas a considerarem não apenas o que podem ganhar com o trabalho social, mas o que podem dar de volta. Afinal, o verdadeiro sucesso de uma empresa é medido não apenas pelos números que gera, mas pelo legado de mudança e esperança que deixa para trás.

AGRADECIMENTOS

Gostaríamos de agradecer você por fazer parte deste projeto, somos autores independentes nos autodenominamos E.M AO QUADRADO, temos a missão de compartilharmos a sociedade as nossas experiências interpessoais e profissionais, estamos dispostos a ajudá-lo alcançar a sua melhor versão.

Então fique atento, lançaremos vários livros para auxiliá-lo nesta jornada, se de alguma forma nosso material o ajudou a evoluir, já valeu o nosso esforço, e sabemos que a sua evolução vai contagiar o seu ecossistema, essa é a nossa missão na sociedade.

Somos gratos a Deus, as nossas famílias, e a todos vocês nossos amigos, por esta conquista.

www.ingramcontent.com/pod-product-compliance
Lightning Source LLC
Chambersburg PA
CBHW072019230526
45479CB00008B/300